Diagnoseheft
Schulausgangsschrift

Erarbeitet von

Heike Baligand, Angelika Föhl,
Nadine Pistor und Elke Schnepf-Rimsa

in Zusammenarbeit mit der
Westermann-Grundschulredaktion

Illustriert von

Karoline Kehr und Silke Reimers

Karoline
Kehr

Flex und Flora
Deutsch

Liebe Lehrerin, lieber Lehrer,

das vorliegende **Diagnoseheft** umfasst 21 lernbegleitende Diagnosen zur Feststellung des individuellen Lernfortschritts der Kinder bei der Arbeit mit Flex und Flora. Ein Kind bearbeitet einen Diagnosebogen immer dann, wenn es im jeweiligen Heft am Ende einer Einheit auf das Stopp-Zeichen ⬛ trifft.

Mit den lernbegleitenden Diagnosen wird versucht, die Ursachen möglicher Schwächen im Lernprozess des Kindes herauszufinden und daraus ggf. notwendige Fördermaßnahmen abzuleiten.

Alle Seiten des Diagnoseheftes sind perforiert und gelocht. So können Sie jede Diagnose individuell an die Kinder verteilen. Nach der Bearbeitung können die Kinder dann die Seite(n) mit nach Hause nehmen und gegebenenfalls in ihrem Portfolio-Ordner abheften.

Jede lernbegleitende Diagnose hat eine Vorder- und eine Rückseite, wobei sich die sog. Vorderseite bei einigen lernbegleitenden Diagnosen für die Kompetenzbereiche **Texte schreiben** und **Lesen** auch über bis zu drei Seiten erstrecken kann. Auf der Vorderseite findet das Kind Aufgaben zur selbstständigen Bearbeitung. Die Aufgaben sind so gestaltet, wie die Kinder sie aus den Übungen in den Heften **Sprache** untersuchen, **Richtig schreiben**, **Texte schreiben** und **Lesen** bereits kennen. Dies erleichtert den Kindern den Zugang zu den Aufgaben.

Die Kinder bearbeiten die einzelnen Diagnosebögen selbstständig. Die Bearbeitungszeit sollte in den Bereichen

> **Sprache untersuchen** ca. 10 Minuten,
> **Richtig schreiben** ca. 10 Minuten,
> **Texte schreiben** ca. 10 - 20 Minuten und
> **Lesen** ca. 10 - 30 Minuten

nicht überschreiten. Abschließend dokumentieren die Kinder, wie leicht oder schwer ihnen die Aufgaben gefallen sind, indem sie einen der Smileys unten auf dem Bogen ankreuzen oder ausmalen: ☺ ☺ ☺ ☹ .

Dabei stehen die Smileys für eine Selbsteinschätzung der eigenen Arbeit:

☺ Ich konnte alle Aufgaben ohne Probleme lösen.
☺ Ich konnte fast alle Aufgaben ohne Probleme lösen.
☺ Bei einigen Aufgaben hatte ich Schwierigkeiten.
☹ Die Aufgaben waren noch zu schwierig für mich.

Auf der Rückseite jeder lernbegleitenden Diagnose haben Sie als Lehrkraft die Möglichkeit, eine Aus-

© Westermann

Illustration: Karoline Kehr

wertung vorzunehmen. Dabei können Sie anhand einer dreistufigen Skala (sicher, teilweise, unsicher) den Lernstand des Kindes zuordnen bzw. vermerken, wenn eine Aufgabe nicht bearbeitet wurde. Zusätzlich gibt es ein Leerfeld, sodass Sie die Möglichkeit haben, eigene Kommentare und Hinweise, z. B. auf notwendige Fördermaßnahmen, zu formulieren.

Nach Auswertung des jeweiligen Diagnosebogens bietet sich ein Lerngespräch mit dem einzelnen Kind an, in dem über die konkrete Weiterarbeit (Förder- und Fordermöglichkeiten) gesprochen wird. Die lernbegleitenden Diagnosen mit den Auswertungen können auch als Grundlage für Elterngespräche oder Förderkonferenzen genutzt und die darauf aufbauende Förderung so transparent gemacht werden.

In der Handreichung zu Flex und Flora finden Sie im Kapitel **Hilfen zur Diagnose** eine Klassenübersicht, in der Sie den Lernstand jedes Kindes dokumentieren können. Außerdem bietet das Kapitel eine ausführliche Auswertung der lern-begleitenden Diagnosen mit notwendigen Fördermaßnahmen. Dabei wird neben umfangreichen Hinweisen auf die konkrete Arbeit mit den Materialien auch auf die Flex und Flora Förder-Kopiervorlagen verwiesen, die zu jedem Lernabschnitt die passenden Förderangebote enthalten.

Viel Erfolg und Spaß bei der Arbeit mit dem Flex und Flora-Diagnoseheft wünscht Ihnen

Ihr **Flex und Flora**-Team

Illustration: Karoline Kehr

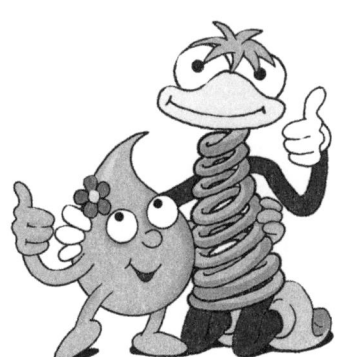

Inhaltsverzeichnis

© Westermann

Texte schreiben

Lesen

© Westermann

Lernbegleitende Diagnosen: Übersicht

Sprache untersuchen

S1	Nomen ordnen, Pronomen nutzen
S2	Kommas, Satzzeichen und Redezeichen setzen
S3	Nomen in den vier Fällen verwenden
S4	Zeitformen bilden
S5	Satzglieder erkennen

Texte schreiben

T1	Den Aufbau einer Geschichte untersuchen
T2	Eine Figur beschreiben
T3	Eine Anleitung schreiben
T4	Einen Bericht überarbeiten und schreiben

Richtig schreiben

R1	Silbentrennendes h und Wortbausteine erkennen
R2	Ableiten und Verlängern
R3	Großschreiben und Wörter trennen
R4	Wörter mit ss, s und β schreiben
R5	Wortbausteine am Anfang und am Ende nutzen
R6	Kontrollieren und Verbessern

Lesen

L1	Lesen üben mit Texten
L2	Einen Plan lesen und nutzen
L3	Lesestrategien anwenden
L4	Einen literarischen Text lesen
L5	Eine Fabel untersuchen
L6	Buchfiguren vergleichen

Name: _____ Datum: _____

Nomen ordnen, Pronomen nutzen

1 Ordne die Nomen den passenden Merkmalen zu.

die Giraffen	das Zeugnis	ein Kleidchen
die Steine	eine Schülerin	die Freude

_____

bestimmter sächlicher Artikel, Singular, Wortbaustein -nis

_____

unbestimmter weiblicher Artikel, Singular, Person

_____

bestimmter Artikel, Plural, Ding

_____

unbestimmter Artikel, Singular, Ding, Wortbaustein -chen

_____

bestimmter weiblicher Artikel, Singular, Gefühl

_____

bestimmter Artikel, Plural, Tier

2 Markiere die Pronomen in den Sätzen. In jedem Satz gibt es ein Pronomen.

Mio rief mich heute an. Er hatte den Hausschlüssel vergessen. Wir luden Mio zum Mittagessen ein. Danach machten wir Hausaufgaben. Papa half ihm beim Rechnen. Später zeigte uns Mama noch einen Rechentrick.

3 Setze Pronomen in die E-Mail ein.

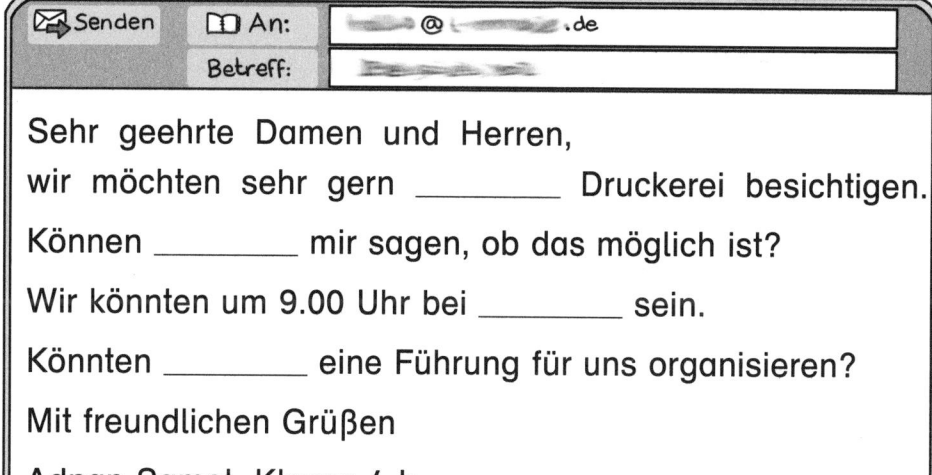

✉ Senden   📖 An: _____ @ _____ .de
Betreff: _____

Sehr geehrte Damen und Herren,
wir möchten sehr gern _____ Druckerei besichtigen.

Können _____ mir sagen, ob das möglich ist?

Wir könnten um 9.00 Uhr bei _____ sein.

Könnten _____ eine Führung für uns organisieren?

Mit freundlichen Grüßen

Adnan Samet, Klasse 4 b

© Westermann

Illustrationen: Karolnie Kehr; Silke Reimers

7

Nomen ordnen, Pronomen nutzen

Name:	sicher	teilweise	unsicher	nicht bearbeitet
... kann Nomen vorgegebenen Merkmalen zuordnen (Aufgabe 1).				
... kann Pronomen in Sätzen identifizieren (Aufgabe 2).				
... kann höfliche Anredepronomen semantisch passend in einen Text einsetzen (Aufgabe 3).				
... kann höfliche Anredepronomen großschreiben (Aufgabe 3).				

Kommentar/Hinweise:

Detaillierte Hinweise auf mögliche Fördermaßen finden sich in der Handreichung im Kapitel *Hilfen zur Diagnose*.

KV 20–24
Fö 21–26

Kommas, Satzzeichen und Redezeichen setzen

1 Setze Kommas sowie **und** oder **oder** in die Sätze ein.

a) Möchtest du lieber Saft Wasser Schorle Limo trinken?

b) Auf der Wiese stehen drei Kühe zwei Pferde fünf Schafe.

c) In den Ferien werde ich meine Oma besuchen mit Lea zelten mit Papa ins Kino gehen ein spannendes Buch lesen.

2 Verbinde die Sätze mit den Bindewörtern. Denke an die Kommas.

weil	Tom spielt nicht mit.	Er ist verletzt.
während	Er sitzt auf der Bank.	Die anderen Kinder trainieren.

_____

_____

3 Setze Doppelpunkte, Redezeichen und Satzzeichen.

Yasin fragt ☐ ☐ Wieso warst du heute nicht in der Schule ☐ ☐

Luna antwortet ☐ ☐ Ich hatte Halsschmerzen ☐ ☐

☐ Du Arme ☐ Soll ich dir ein Buch bringen ☐ ☐ ☐ fragt Yasin ☐

☐ Steck es einfach in den Briefkasten ☐ ☐ ☐ bittet Luna ☐

4 Unterstreiche in Aufgabe 3 die wörtliche Rede **rot** und die Begleitsätze **blau**.

Illustrationen: Karoline Kehr (Flora); Silke Reimers (Kinder)

Kommas, Satzzeichen und Redezeichen setzen

	sicher	teilweise	unsicher	nicht bearbeitet
Name: _____				
... kann Kommas und Bindewörter in Aufzählungen setzen (Aufgabe 1):				
• vor einzelne Wörter,	☐	☐	☐	☐
• vor Wortgruppen.	☐	☐	☐	☐
... kann **und** und **oder** semantisch stimmig gebrauchen (Aufgabe 1).	☐	☐	☐	☐
... kann Sätze mit Bindewörtern verbinden (Aufgabe 2).	☐	☐	☐	☐
... kann die Wortstellung im Nebensatz anpassen (Aufgabe 2).	☐	☐	☐	☐
... kann Kommas in Sätzen mit Bindewörtern setzen (Aufgabe 2).	☐	☐	☐	☐
... kann Satzzeichen in einem Dialog ergänzen (Aufgabe 3):				
• Redezeichen bei voran- und nachgestelltem Begleitsatz,	☐	☐	☐	☐
• Doppelpunkt bei vorangestelltem Begleitsatz,	☐	☐	☐	☐
• Komma bei nachgestelltem Begleitsatz,	☐	☐	☐	☐
• Satzschlusszeichen in der wörtlichen Rede.	☐	☐	☐	☐
.. kann zwischen wörtlicher Rede und Begleitsatz unterscheiden (Aufgabe 4):				
• wörtliche Rede,	☐	☐	☐	☐
• Begleitsatz.	☐	☐	☐	☐

Kommentar/Hinweise:

Detaillierte Hinweise auf mögliche Fördermaßen finden sich in der Handreichung im Kapitel *Hilfen zur Diagnose*.

KV 25–31
Fö 27–32

Nomen in den vier Fällen verwenden

1 Lies die Fragen. Schreibe das Nomen mit passendem Artikel.

den Esel	der Esel	des Esels	dem Esel

Wer oder **was** steht dort?   Dort steht _____.

Wessen Fell ist struppig?   Das Fell _____ ist struppig.

Wem gibt Suri Futter?   Suri gibt _____ Futter.

Wen streichelt Suri?   Suri streichelt _____ .

2  Verbinde das unterstrichene Nomen mit dem richtigen Fall.

Die Frau fährt mit dem Auto. •   • Nominativ: Wer oder was ...?

Im Auto sehe ich die Frau. •   • Genitiv: Wessen ...?

Ein Mann winkt der Frau zu. •   • Dativ: Wem ...?

Die Brille der Frau ist pink. •   • Akkusativ: Wen oder was ...?

3 Setze die Nomen in den vier Fällen ein. Bestimme den Fall und schreibe ihn neben den Satz.

dem Bäcker	des Bäckers
den Bäcker	der Bäcker

Der Laden _____ ist ab 7 Uhr geöffnet.   _____

_____ verkauft Brot und Brötchen.   _____

Einmal besuchten wir _____.   _____

Wir schauten _____ bei der Arbeit zu.   _____

S3

Nomen in den vier Fällen verwenden

	sicher	teilweise	unsicher	nicht bearbeitet
Name: _____				
... kann mithilfe von Fragesätzen vorgegebene Nomen mit Artikel in den vier Fällen in Sätzen ergänzen (Aufgabe 1).				
... kann durch Fragen Nomen in den vier Fällen identifizieren (Aufgabe 2):				
• Nominativ,				
• Genitiv,				
• Dativ,				
• Akkusativ.				
... kann vorgegebene Nomen in den vier Fällen einsetzen (Aufgabe 3).				
... kann die Fälle von Nomen bestimmen (Aufgabe 3).				

Kommentar/Hinweise:

Detaillierte Hinweise auf mögliche Fördermaßen finden sich in der Handreichung im Kapitel *Hilfen zur Diagnose*.

KV 35–37
Fö 36–38

S4 **Zeitformen bilden**

1 Schreibe die Verben im Futur und im Perfekt passend zu den Pronomen.

a) **Präsens – Futur**

sie spielt – _____

ich esse – _____

wir sind – _____

b) **Präsens – Perfekt**

ich renne – _____

er trinkt – _____

du hast – _____

2  Setze die passenden Zeitformen in die Sätze ein. Markiere die Wörter, die dir beim Einsetzen der Zeitform helfen.

| lese   werde lesen   habe gelesen   las |

Meine Mama _____ mir früher jeden Abend etwas vor. Jetzt _____ ich ganz allein. Gerade _____ ich ein ganzes Buch über Ritter zu Ende _____. Morgen _____ ich das neue Pferdebuch _____, das Kim mir geliehen hat.

3 Schreibe die Verben passend zu den Pronomen in den Zeitformen.

Zeitform	geben	laufen	sein
Präsens	ich _____	ich _____	ich _____
Präteritum	du _____	du _____	du _____
Perfekt	er _____	er _____	er _____
Futur	wir _____	wir _____	wir _____

Illustrationen: Karoline Kehr (Flora, Flex); Silke Reimers (Buch)

Zeitformen bilden

	sicher	teilweise	unsicher	nicht bearbeitet
Name: _____				
... kann Verben passend zu Pronomen ins Futur setzen (Aufgabe 1a).				
... kann das Verb **sein** ins Futur setzen (Aufgabe 1a).				
... kann Verben passend zu Pronomen ins Perfekt setzen (Aufgabe 1b).				
... kann das Verb **haben** ins Perfekt setzen (Aufgabe 1b).				
... kann Verben in der richtigen Zeitform in Sätze einsetzen (Aufgabe 2).				
... kann Signalwörter für Zeitformen erkennen und markieren (Aufgabe 2).				
... kann die verschiedenen Zeitformen bilden (Aufgabe 3):				
• Präsens,				
• Präteritum,				
• Perfekt,				
• Futur,				
• beachtet die Pronomen,				
• beachtet die Vokalveränderung,				
• kann das passende Hilfsverb für das Perfekt auswählen.				

Kommentar/Hinweise:

Detaillierte Hinweise auf mögliche Fördermaßen finden sich in der Handreichung im Kapitel *Hilfen zur Diagnose*.

KV 38–41
Fö 39–42

S5 ## Satzglieder erkennen

1 Unterstreiche in den Sätzen die Akkusativobjekte **grün**.

Der Vogel frisst Körner am Futterhaus.
Der Besucher bewundert das Gemälde.
Oma liest am Abend einen spannenden Krimi.

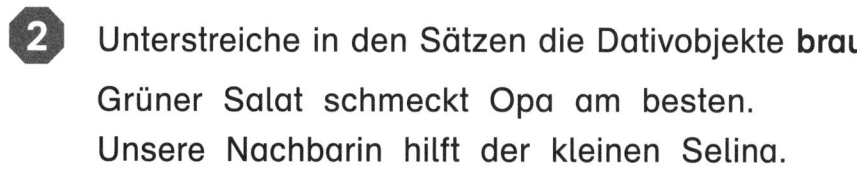

Wen oder was ...?

2 Unterstreiche in den Sätzen die Dativobjekte **braun**.

Grüner Salat schmeckt Opa am besten.
Unsere Nachbarin hilft der kleinen Selina.
Der kleine Hund gehorcht seinem neuen Herrchen schon gut.

Wem ...?

3 Unterstreiche in den Sätzen die Prädikate **rot**, die Subjekte **blau**, die Akkusativobjekte **grün** und die Dativobjekte **braun**.

Der Zauberer gibt dem Mädchen ein Kaninchen.
Ich schreibe meinem Freund eine Ansichtskarte.
Schenkt meine Freundin ihrer Tante Pralinen?
Seinem Hund kauft Linus einen Knochen.

Subjekt: Wer oder was ...?

Prädikat: Was tut jemand?

4 Kennzeichne im Text die Ergänzungen der Zeit und die Ergänzungen des Ortes.

In unserem Garten steht ein alter Apfelbaum.
Im Herbst machen wir ein großes Apfelerntefest.
Der Tisch wird auf der Terrasse gedeckt.
Die Gäste kommen um 15 Uhr.

S5 Satzglieder erkennen

Name:	sicher	teilweise	unsicher	nicht bearbeitet
... kann Akkusativobjekte identifizieren (Aufgabe 1):				
• Akkusativobjekte, die aus einem Wort bestehen,				
• Akkusativobjekte, die aus mehreren Wörtern bestehen.				
... kann Dativobjekte identifizieren (Aufgabe 2):				
• Dativobjekte, die aus einem Wort bestehen,				
• Dativobjekte, die aus mehreren Wörtern bestehen.				
... kann Satzglieder identifizieren (Aufgabe 3):				
• Subjekte,				
• Prädikate,				
• Akkusativobjekte,				
• Dativobjekte.				
... kann Ergänzungen identifizieren (Aufgabe 4):				
• Ergänzungen der Zeit,				
• Ergänzungen des Ortes.				

Kommentar/Hinweise:

© Westermann

Illustration: Karoline Kehr

16 Detaillierte Hinweise auf mögliche Fördermaßen finden sich in der Handreichung im Kapitel *Hilfen zur Diagnose*.

KV 44–47
Fö 45–48

Silbentrennendes h und Wortbausteine erkennen

1 Schreibe die Verben in der gebeugten Form.
Markiere das **h** in allen Verben.

krähen	*er* _____	blühen	*es* _____
drehen	*er* _____	leihen	*er* _____

2 Markiere die Wortstämme bei den Wörtern mit silbentrennendem **h**.
Kreise die Wörter, die zu einer Wortfamilie gehören, mit je einer Farbe ein.

> begehbar Glühlampe Glühwürmchen abgehen verglüht Gehstock

3 Bilde Nomen mit den Wörtern im Kasten und
den Wortbausteinen **-schaft**, **-nis**, **-tum**. Setze sie passend ein.

Land
finster
wagen
Fürst

Spät abends bei tiefer _____ erreichten

wir die Burg. Es war ein großes _____, ohne Licht

den steilen Weg zur Burgherberge hinaufzusteigen. Am nächsten

Morgen sahen wir, dass die _____ wunderschön war.

Zum _____ gehörten viele Ländereien und Weinberge.

4 In jedem Kasten ist ein Nomen falsch geschrieben.
Streiche die falschen Wörter durch und verbessere sie.

> gewachsen wachstum erwachsen

> erkannt bekennen erkenntnis kennt

© Westermann

Illustrationen: Karoline Kehr

Silbentrennendes h und Wortbausteine erkennen

	sicher	teilweise	unsicher	nicht bearbeitet
Name: _____				
... kann Wörter mit silbentrennenden **h** auch in der Personalform richtig schreiben (Aufgabe 1).				
... kann erkennen, dass das silbentrennende **h** in allen Verbformen erhalten bleibt (Aufgabe 1):				
... kann Wortstämme in Wörtern mit silbentrennendem **h** erkennen (Aufgabe 2).				
... kann Wörter mit silbentrennendem **h** Wortfamilien zuordnen (Aufgabe 2).				
... kann aus verschiedenen Wortarten Nomen bilden (Aufgabe 3):				
• mit dem Wortbaustein **-nis**,				
• mit dem Wortbaustein **-schaft**,				
• mit dem Wortbaustein **-tum**.				
... kann Nomen mit Wortbauseinen semantisch passend in einen Text einsetzen (Aufgabe 3).				
... kann Wortbausteine als Signal zur Großschreibung von Nomen erkennen (Aufgabe 4).				

Kommentar/Hinweise:

Illustration: Karoline Kehr

18

Detaillierte Hinweise auf mögliche Fördermaßen finden sich in der Handreichung im Kapitel *Hilfen zur Diagnose*.

KV 64–69
Fö 64–70

R2

Ableiten und Verlängern

1 Welches Wort aus der Wortfamilie hilft dir?
Nutze die Strategie und schreibe die Wörter.

	ableiten 	also

ä ? e	Erkl**?**rung	_____	_____
	f**?**stlich	_____	_____
	erfr**??**lich	_____	_____
äu ? eu	h**??**fig	_____	_____

2 Zerlege die zusammengesetzten Nomen und verlängere das erste Wort.
Schreibe dann das zusammengesetzte Wort.

	verlängern 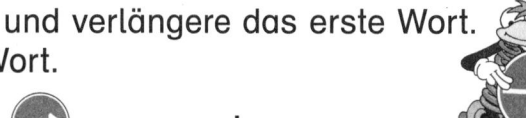	also

b ? p	Schrei**?**heft	_____	_____
g ? k	Fun**?**turm	_____	_____
	Ber**?**steiger	_____	_____
d ? t	Wil**?**park	_____	_____

3 Finde in jedem Satz den Fehler. Streiche das Wort durch und schreibe es richtig.
Ergänze das passende Strategiesymbol.

Das Mittakessen in der Schule ist gesund. _____ ⭕

Der Schnittlauch blüht im Kreutergarten. _____ ⭕

Im Wantschrank ist viel Platz. _____ ⭕

19

Ableiten und Verlängern

	sicher	teilweise	unsicher	nicht bearbeitet
Name: _____				
... kann die Rechtschreibstrategie **Ableiten** zur richtigen Schreibung nutzen (Aufgabe 1).				
... kann bei zusammengesetzten Nomen die Rechtschreibstrategie **Verlängern** zur richtigen Schreibung nutzen (Aufgabe 2).				
... kann die Rechtschreibstrategien **Ableiten** und **Verlängern** für die richtige Schreibung von zusammengesetzten Nomen nutzen (Aufgabe 3).				

Kommentar/Hinweise:

Detaillierte Hinweise auf mögliche Fördermaßen finden sich in der Handreichung im Kapitel *Hilfen zur Diagnose*.

KV 70–72
Fö 71–74

Großschreiben und Wörter trennen

1 Markiere die 20 Wörter, die großgeschrieben werden müssen.
Schreibe den Text ohne Fehler.

mit ihrer klasse besucht lia heute ein schaubergwerk. am eingang werden sie vom bergführer herrn müller erwartet. er sagt: „ich möchte sie und ihre klasse ganz herzlich begrüßen. das tragen von schutzkleidung und helmen ist bei uns im bergwerk eine selbstverständlichkeit."

_____

_____

_____

_____

_____

2 Auf jedem Zettel sind zwei Wörter falsch getrennt. Streiche die falschen Wörter durch. Schreibe sie dann zusammen oder richtig getrennt darunter.

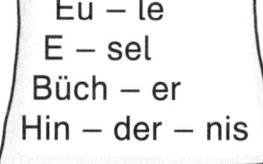

Eu – le	strick – en	hu – sten	treff – en
E – sel	lösch – en	Ap – ril	Treff – punkt
Büch – er	ge – fan – gen	Ar – zt	sam – meln
Hin – der – nis	Steck – na – del	Er – klä – rung	Sam – mlung

_____   _____   _____   _____

_____   _____   _____   _____

© Westermann

Illustrationen: Karoline Kehr (Flora);
Silke Reimers (Zettel, Sonne)

Großschreiben und Wörter trennen

	sicher	teilweise	unsicher	nicht bearbeitet

Name: _____

... kann Falschschreibungen bei der Großschreibung erkennen und verbessern (Aufgabe 1):

- Satzanfänge großschreiben,
- Nomen großschreiben,
- Eigennamen großschreiben,
- Nomen mit den Wortbausteinen **-heit**, **-keit**, **-ung**, **-nis**, **-tum** großschreiben,
- höfliche Anredepronomen großschreiben,
- nominalisierte Verben großschreiben.

... kann Regeln zur Worttrennung anwenden und Fehler verbessern (Aufgabe 2):

- Wörter werden nach Silben getrennt,
- Wörter mit nur einer Silbe werden nicht getrennt,
- Worttrennung wird vor **ch**, **ck** und **sch** durchgeführt,
- einzelne Vokale werden nicht abgetrennt,
- Wörter mit gleichem Wortstamm werden nicht gleich getrennt.

Kommentar/Hinweise:

Detaillierte Hinweise auf mögliche Fördermaßen finden sich in der Handreichung im Kapitel *Hilfen zur Diagnose*.

KV 73–76
Fö 75–78

Illustration: Karoline Kehr

R4

Wörter mit ss, s und ß schreiben

1 Verlängere: Ist die erste Silbe geschlossen oder offen?
Schreibe die Wörter mit **ss** oder **ß**.

In der zweisilbigen Form kannst du erkennen, ob du **ss** oder **ß** schreibst.

ss oder ß	verlängern: ➡	also	ss oder ß	verlängern: ➡	also
sie kü**?**t	_____	_____	er stö**?**t	_____	_____
er gie**?**t	_____	_____	Spa**?**	_____	_____
Flu**?**	_____	_____	kra**?**	_____	_____

2 Verlängere, damit du hörst, mit welchem **s**-Laut die zweite Silbe beginnt.
Sprich die Wörter deutlich und schreibe sie mit **s** 🐝 oder **ß** 🐍 .

s oder ß	verlängern: ➡	also	s oder ß	verlängern: ➡	also
Prei**?**	_____	_____	wei**?**	_____	_____
er lö**?**t	_____	_____	Gla**?**	_____	_____
sie nie**?**t	_____	_____	Gru**?**	_____	_____

3 Setze **ss**, **s** 🐝 oder **ß** 🐍 ein.

Opa ist das Gra_____ im Garten zu lang. Er will den Ra_____en mähen.

Oma findet es zu hei_____ und meint: „Warte be_____er, bis es kühler ist."

Dennoch geht Opa nach drau_____en und mäht flei_____ig.

Es sieht gro_____artig aus. Aber Opa hat geschwitzt und sein Hemd ist na_____.

© Westermann

Illustrationen: Karoline Kehr (Flora);
Sabine Kranz (Biene, Schlange)

Wörter mit ss, s und ß schreiben

	sicher	teilweise	unsicher	nicht bearbeitet
Name: _____				
... kann die Rechtschreibstrategie **Verlängern** zur richtigen Schreibung von Wörtern mit **ss** oder **ß** nutzen (Aufgabe 1).				
... kann geschlossene und offene Silben unterscheiden und zur richtigen Schreibung von Wörtern mit **ss** oder **ß** nutzen (Aufgabe 1).				
... kann die Rechtschreibstrategie **Verlängern** zur richtigen Schreibung von Wörtern mit **s** oder **ß** nutzen (Aufgabe 2).				
... kann stimmhafte **s**-Laute und stimmlose **s**-Laute unterscheiden und zur richtigen Schreibung von Wörtern mit **s** oder **ß** nutzen (Aufgabe 2).				
... kann **ss**, **s** und **ß** richtig in Wörter einsetzen (Aufgabe 3).				

Kommentar/Hinweise:

Detaillierte Hinweise auf mögliche Fördermaßen finden sich in der Handreichung im Kapitel *Hilfen zur Diagnose*.

KV 77–79
Fö 79–81

Wortbausteine am Anfang und am Ende nutzen

1 Bilde jeweils drei Verben mit den Wortbausteinen **an-**, **auf-** und **vor-**.

nehmen	_____
rücken	_____
fahren	_____

2 Markiere jeweils im ersten Satz das Verb und den zugehörigen Wortbaustein. Setze dieses Verb dann in der Grundform ein.

Marius füllt seine Wasserflasche vor der Wanderung auf.

An der Quelle kann er sie dann wieder _____.

Meine kleine Schwester rennt auf dem Waldspaziergang immer vor.

Auf dem Bürgersteig in der Stadt darf sie nicht _____.

3 Bilde Adjektive mit den Nomen und den Wortbausteinen **-ig**, **-lich** und **-isch**.

-ig: _____

_____

-lich: _____

_____

-isch: _____

_____

| Hektik Frieden |
| Sturm Laune |
| Neugier |
| Schreck Jahr |
| Riese Dreck |

Wortbausteine am Anfang und am Ende nutzen

Name:	sicher	teilweise	unsicher	nicht bearbeitet
... kann Verben mit verschiedenen Wortbausteinen bilden (Aufgabe 1).				
... kann Verben mit Wortbausteinen bilden, bei denen gleiche Konsonanten aufeinandertreffen, und sie richtig schreiben (Aufgabe 1 und 2).				
... kann in Sätzen Verben und ihre getrennten Wortbausteine erkennen (Aufgabe 2).				
... kann Verben mit Wortbausteinen in der Grundform richtig anwenden und schreiben (Aufgabe 2).				
... kann aus Nomen Adjektive bilden (Aufgabe 3): • mit dem Wortbaustein -**ig**, • mit dem Wortbaustein -**lich**, • mit dem Wortbaustein -**isch**.				
... kann Adjektive mit den Wortbausteinen -**ig**, -**lich**, -**isch** kleinschreiben (Aufgabe 3).				

Kommentar/Hinweise:

Detaillierte Hinweise auf mögliche Fördermaßen finden sich in der Handreichung im Kapitel *Hilfen zur Diagnose*.

KV 82–85
Fö 84–87

© Westermann

R6 # Kontrollieren und Verbessern

1 Verbessere die Fehler. Nutze die Strategien und schreibe die Wörter richtig.

Das Ende der Grundschulzeit rückt <u>näer</u>.   _____

Wir sprechen über die vielen schönen <u>erlebnisse</u>.   _____

Einige davon waren wirklich <u>witzich</u>.   _____

Ein letztes Mal müssen wir unser Fach <u>aufreumen</u>.   _____

Am Boden liegt <u>Staup</u> und auch etwas Geld.   _____

So kann ich mir noch ein <u>süses</u> Brötchen kaufen.   _____

Morgen machen wir eine große <u>Parti</u>.   _____

2 Finde die zwei Fehler in jeder Zeile. Streiche die falschen Wörter durch. Verbessere sie.

Die mannschaft unserer Schule hat ein Turnier gewonen.

Sie hatte sich lange auf den grossen Wettkampf forbereitet.

Das Team ist früer oft schon in der Vorunde ausgeschieden.

Der Hauptpreis war ein glenzender Pokal, den der Kapiten bekam.

Der wiekt bestimmt fünf Kilogramm und übersteigt alle unsere träume.

3 Warum schreibt man **verrosten** mit **rr**? Begründe.

_____

© Westermann

Illustrationen: Karoline Kehr (Flora, Strategiesymbole); Silke Reimers (Kind)

Kontrollieren und Verbessern

	sicher	teilweise	unsicher	nicht bearbeitet
Name: _____				
... kann Rechtschreibstrategien zur Verbesserung von Fehlern nutzen (Aufgabe 1):				
• mit Silben arbeiten (silbentrennendes **h**),				
• mit Wortbausteinen arbeiten (Nomen mit -**nis**),				
• ableiten (**äu** oder **eu**),				
• verlängern (**b** oder **p**),				
• mit Silben arbeiten (**s**, **ss** oder **ß**),				
• merken (**y**).				
... kann Fehlerwörter mithilfe vorgegebener Strategiesymbole identifizieren und die Strategien zur Verbesserung der Fehler nutzen (Aufgabe 2):				
• mit Wortbausteinen arbeiten (-**schaft**, **vor**-, **Vor**-),				
• mit Silben arbeiten (Konsonantenverdopplung, **ß**, silbentrennendes **h**),				
• ableiten (**ä** oder **e**),				
• merken (**ä**),				
• verlängern (**g** oder **k**),				
• auf Großschreibung achten (Nomenprobe mit Adjektiv).				
... kann eine Rechtschreibregel erkennen und deren Anwendung begründen (Aufgabe 3).				

Kommentar/Hinweise:

Detaillierte Hinweise auf mögliche Fördermaßen finden sich in der Handreichung im Kapitel *Hilfen zur Diagnose*.

KV 86–89
Fö 88–92

© Westermann

Illustration: Karoline Kehr

Den Aufbau einer Geschichte untersuchen

1 Untersuche die Geschichte.

a) Lies die Geschichte.

b) Unterstreiche in der Geschichte die Einleitung **grün**, den Hauptteil **blau** und den Schluss **rot**.

c) Markiere den Wendepunkt in der Geschichte.

d) Überarbeite den Hauptteil der Geschichte:

- Ergänze Adjektive, Ausrufe und Fragen.

- Beschreibe auch die Gefühle und Gedanken der Hauptperson.

- Schreibe den Hauptteil so weiter, dass die Geschichte vollständig ist.

Glück gehabt

Mein Bruder war auf Klassenfahrt und ich sollte mich bei uns Zuhause um seine Meerschweinchen kümmern. Als ich mit Salatblättern und Karotten zum Gehege kam, begrüßten mich beide Tiere. Ich öffnete das Gehege und legte das Grünzeug in die Futterecke. Dann nahm ich den Wassernapf und ging ins Haus. Als ich mit dem Wasser zurückkam, bekam ich

eine Höllenangst. Das kleine Türchen hatte sich geöffnet und

im Gehege flitzte nur noch Maxi herum. Ich begann zu suchen.

© Westermann

Illustration: Karoline Kehr

T1

Den Aufbau einer Geschichte untersuchen

_____

_____

● _____

_____

_____

_____

_____

_____

● _____

_____

Als Mimi dann endlich wieder im Gehege saß, war ich einfach nur noch erleichtert.

Den Aufbau einer Geschichte untersuchen

	sicher	teilweise	unsicher	nicht bearbeitet
Name: _____				
... kann die Teile einer Geschichte erkennen:				
• Einleitung (Aufgabe 1b),				
• Hauptteil mit Wendepunkt (Aufgabe 1b und 1c),				
• Schluss (Aufgabe 1b).				
... kann spannungstragende Elemente in eine Geschichte einfügen (Aufgabe 1d):				
• Adjektive,				
• Fragen/Ausrufe,				
• wörtliche Rede,				
• Gedanken und Gefühle.				
... kann den Hauptteil einer Geschichte weiterschreiben und damit die Handlung sinnvoll abrunden.				

Kommentar/Hinweise:

Detaillierte Hinweise auf mögliche Fördermaßen finden sich in der Handreichung im Kapitel *Hilfen zur Diagnose*.

KV 94–96
Fö 97–99

T2

Eine Figur beschreiben

1 Schau dir das Bild an und male die Figur an.

2 Beschreibe die Figur.
Nutze Adjektive.
Verwende auch passende Vergleiche.

_____

_____

_____

_____

_____

_____

_____

_____

_____

_____

_____

_____

_____

_____

Illustrationen: Karoline Kehr (Flora);
Silke Reimers (Figur)

Eine Figur beschreiben

T2

	sicher	teilweise	unsicher	nicht bearbeitet

Name: _____

... kann eine Figur beschreiben und dabei auf folgende Kriterien achten (Aufgabe 2):

	sicher	teilweise	unsicher	nicht bearbeitet
• passende Überschrift,	☐	☐	☐	☐
• einleitender Satz,	☐	☐	☐	☐
• Beschreibung erfolgt von oben nach unten,	☐	☐	☐	☐
• angemessene Nutzung passender Adjektive,	☐	☐	☐	☐
• Vergleiche verdeutlichen die Beschreibung.	☐	☐	☐	☐

Kommentar/Hinweise:

Detaillierte Hinweise auf mögliche Fördermaßen finden sich in der Handreichung im Kapitel *Hilfen zur Diagnose*.

KV 99–101
Fö 102–103

Illustration: Karoline Kehr

T3 # Eine Anleitung schreiben

1 Schreibe eine Spielanleitung.

Ich sehe was, was du nicht siehst

Anzahl der Spielerinnen und Spieler: _____

Spielmaterial: _____

Spielregeln: _____

_____

_____

_____

_____

_____

_____

_____

Ende des Spiels: _____

_____

_____

© Westermann

Illustration: Karoline Kehr

Eine Anleitung schreiben

Name:	sicher	teilweise	unsicher	nicht bearbeitet
... kann eine Spielanleitung strukturiert schreiben (Aufgabe 1):				
• Anzahl der Spielerinnen und Spieler,				
• Spielmaterial,				
• Spielregeln,				
• Ende des Spiels.				
... kann eine Spielanleitung verständlich schreiben (Aufgabe 1).				

Kommentar/Hinweise:

Detaillierte Hinweise auf mögliche Fördermaßen finden
sich in der Handreichung im Kapitel *Hilfen zur Diagnose*.

KV 106–107
Fö 108

Einen Bericht überarbeiten und schreiben

1 Lies den Bericht.

Unfallbericht

Finn fuhr Skateboard. Finn kann sogar Luftsprünge mit dem Board und wird mir das beibringen. Finn fuhr also mit vollem Tempo über den Schulhof, als Leila hinter ihm rief: „Hey, zeig mal, was du noch alles kannst!" Finn drehte sich kurz zu Leila um und in diesem Moment passierte es. Er übersah Romy, die vor ihm stand. Er knallte auf Romy und die fiel hin. Ihr Knie blutete und sie schrie: „Du Doofmann, kannst du nicht besser aufpassen!" Da kam auch schon Frau Zöller mit Verbandszeug und versorgte Leilas Wunde.

2 Welche Fragen werden in dem Bericht beantwortet?

a) Unterstreiche die Antworten auf die Fragen

- Wer war beteiligt? **rot**,
- Wann ist es passiert? **grün**,
- Wo ist es passiert? **blau**,
- Was ist passiert? **gelb**,
- Wie oder warum kam es dazu? **lila**.

b) Markiere bei a) die Frage, die nicht beantwortet wird.

Einen Bericht überarbeiten und schreiben

3 Welche Sätze passen nicht in den Bericht von Seite 37?
Streiche sie durch.

4 Überarbeite den Bericht von Seite 37.

Unfallbericht

T4

Einen Bericht überarbeiten und schreiben

T4 Einen Bericht überarbeiten und schreiben

	sicher	teilweise	unsicher	nicht bearbeitet
Name: _____				
... kann Antworten auf die W-Fragen aus dem Text entnehmen (Aufgabe 2a).	▢	▢	▢	▢
... kann erkennen, auf welche W-Frage im Text nicht geantwortet wird (Aufgabe 2b).	▢	▢	▢	▢
... kann unpassende Sätze in einem Unfallbericht identifizieren (Aufgabe 3).	▢	▢	▢	▢
... kann einen Unfallbericht schreiben (Aufgabe 4):				
• sachlich,	▢	▢	▢	▢
• vollständig,	▢	▢	▢	▢
• im Präteritum.	▢	▢	▢	▢

© Westermann

Kommentar/Hinweise:

Detaillierte Hinweise auf mögliche Fördermaßen finden
sich in der Handreichung im Kapitel *Hilfen zur Diagnose*.

KV 108–110
Fö 109–111

Illustration: Karoline Kehr

Lesen üben mit Texten

1 Lies die fünf Teile der Geschichte.

Nasreddin Hodscha erfüllt sich einen Wunsch

○ Seine Frau fand ihn so. Endlich kam er zu sich und sah, wie sie weinte. Da sagte er: „Frau, weine nicht, ich habe zwar viel gelitten, aber ich habe mir auch zugleich einen Wunsch erfüllt."

○ Aber der Ochse sprang auf und warf Nasreddin ab, und der blieb bewusstlos liegen.

○ Der Hodscha hatte einen alten Ochsen, dessen Hörner so weit voneinander abstanden, dass man hätte zwischen ihnen sitzen können. Und sooft er ihn in der Herde sah, dachte er bei sich:

○ Da sagte der Hodscha: „Das ist die Gelegenheit!" und stieg ihm zwischen die Hörner, um sich niederzusetzen.

○ „Wenn ich doch nur einmal zwischen seinen Hörnern sitzen könnte!" Eines Tages legte sich nun der Ochs vor dem Hause nieder.

(gekürzt)

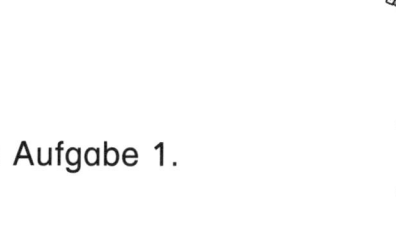

2 Ordne die Textteile von Aufgabe 1.
Schreibe **A B C D E** in die Kreise.

3 Welchen Wunsch hat Nasreddin?
Markiere den passenden Satz im Text von Aufgabe 1.

Illustrationen: Karoline Kehr (Flora); Silke Reimers;
Text: Gerd Frank (Hrsg.): Der türkische Eulenspiegel:
närrische Anekdoten um Nasreddin Hodscha.
© Verlag Herder Freiburg im Breisgau 1980, S. 39–40.

41

Lesen üben mit Texten

Name:	sicher	teilweise	unsicher	nicht bearbeitet
... kann Textteile ordnen und die richtige Reihenfolge notieren (Aufgabe 2).				
... kann eine Antwortstelle im Text finden und markieren (Aufgabe 3).				

Kommentar/Hinweise:

Detaillierte Hinweise auf mögliche Fördermaßen finden sich in der Handreichung im Kapitel *Hilfen zur Diagnose*.

KV 124–127
Fö 120–123

Illustration: Karoline Kehr

Einen Plan lesen und nutzen

1 Lies den Plan und die Legende.

2 Bearbeite die Aufgaben:

a) Kreise den Spielplatz auf dem Plan ein.

b) Lies den Text.

Mina und Mats planen einen Ausflug in den Tierpark. Sie wollen sich um 11.30 Uhr am Eingang treffen und keine Fütterung der Tiere verpassen. Außerdem wollen sie zu beiden Tiersprechstunden gehen. Die Fütterungen und Sprechstunden dauern ungefähr 30 Minuten.

c) Markiere auf dem Plan die Orte, die die Kinder besuchen wollen.

d) Notiere im Plan die Uhrzeiten der Veranstaltungen, die sie besuchen können.

e) In welcher Reihenfolge besuchen die Kinder die Fütterungen und Sprechstunden? Zeichne den Weg in den Plan ein.

        43

© Westermann

Illustrationen: Karoline Kehr (Flora); Silker Reimers (Zooplan)

L2 Einen Plan lesen und nutzen

	sicher	teilweise	unsicher	nicht bearbeitet
Name: _____				
... kann eine Legende lesen (Aufgabe 2a).	▨	▨	▨	▨
... kann Angaben zu Orten und Veranstaltungen aus einem Text auf einem Plan wiederfinden und markieren (Aufgaben 2c).	▨	▨	▨	▨
... kann Zeitgaben auf einem Plan für eine sinnvolle Planung nutzen (Aufgabe 2d).	▨	▨	▨	▨
... kann einen Weg in einen Plan einzeichnen (Aufgabe 2e).	▨	▨	▨	▨

Kommentar/Hinweise:

© Westermann

Illustration: Karoline Kehr

Detaillierte Hinweise auf mögliche Fördermaßen finden sich in der Handreichung im Kapitel *Hilfen zur Diagnose*.

KV 130–131
Fö 126–127

L3 Lesestrategien anwenden

1 Lies den Text.

Feuersalamander
von Lieselotte Heimlich

Feuersalamander sind Amphibien und gehören zur Familie der Lurche.
Sie leben vor allem in Europa in der Nähe von Flüssen, Seen oder Laubwäldern.
Dort ist es feucht und sie finden gute Verstecke und ausreichend Futter.
Da sie meist nachts unterwegs sind, sind Feuersalamander tagsüber nur selten
5 zu beobachten. Bei Nebel und Regen kommen sie aber aus ihren Verstecken
und sind dann auch am Tag zu sehen.

Wie alle Amphibien sind auch Feuersalamander wechselwarm. Das bedeutet, dass
sie ihre Körpertemperatur der Außentemperatur anpassen. Feuersalamander werden
14 bis 20 cm groß. Ihre auffällige, gelb-schwarze Färbung dient als Warnung für andere
10 Tiere. Jedes Muster ist einzigartig. Ihre fehlende Tarnung soll Vögeln, Nagetieren und
Schlangen zeigen, dass sie als Beute ungenießbar sind.

Besonders im Bereich der Ohren haben Feuersalamander Giftdrüsen. Daraus können sie
ein Gift absondern, das bis zu einem Meter weit spritzen kann, wenn die Salamander
in besonders großer Panik sind. Dieses Gift ist für den Menschen nicht tödlich.
15 Man darf Feuersalamander niemals anfassen, da sie streng geschützt und
vom Aussterben bedroht sind.

2 Lies den Text noch einmal Absatz für Absatz. Markiere Schlüsselwörter.

3 Schreibe zu jedem Absatz eine passende Überschrift.

© Westermann

Illustration: Karoline Kehr (Flora);
Foto: iStockphoto.com, Calgary (Eileen Kumpf)

	sicher	teilweise	unsicher	nicht bearbeitet
Name: _____				
... kann Wichtiges als Schlüsselwörter in einem Text identifizieren und markieren (Aufgabe 2).				
... kann zu Sinnabschnitten Zwischenüberschriften formulieren (Aufgabe 3).				

Kommentar/Hinweise:

46 Detaillierte Hinweise auf mögliche Fördermaßen finden sich in der Handreichung im Kapitel *Hilfen zur Diagnose*.

KV 134–138
Fö 130–134

Illustration: Karoline Kehr

Einen literarischen Text lesen

1 Lies den Text. Unterstreiche beim Lesen die Wörter, die du nicht verstehst.

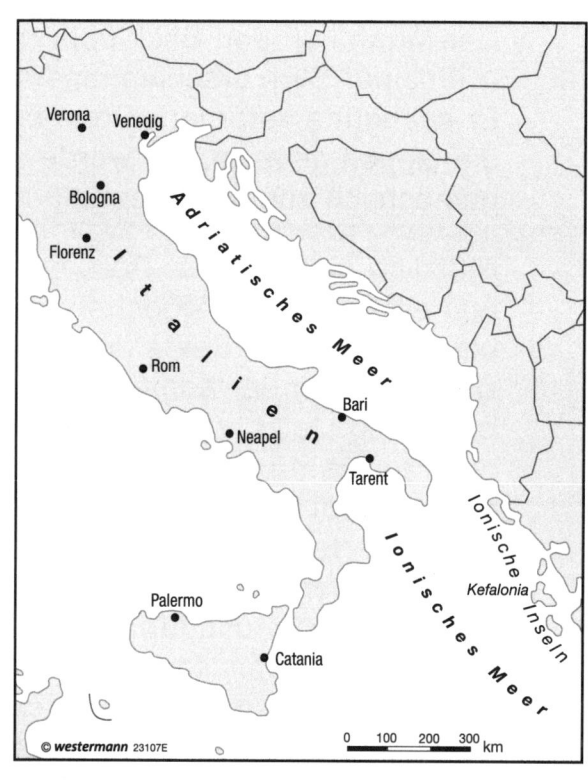

Der Mann mit der Kamera
von Fabian Lenk

Das Kreuzfahrtschiff *Fantasy* glitt majestätisch auf das Adriatische Meer zu. Noch befand es sich in der Nähe
5 der Ionischen Inseln, wo es im Rahmen der 14-tägigen Kreuzfahrt *Perlen des Mittelmeeres* zuletzt in Kefalonia vor Anker gegangen war. Doch schon bald sollte das stolze
10 Schiff die schillernde Lagunenstadt Venedig erreichen. Das Deck 13 mit seiner riesigen Poollandschaft lag in der prallen Augustsonne.
Hunderte von Passagieren ruhten in Liegestühlen oder tobten ausgelassen
15 in den Pools. Aus den Boxen der Bars perlte fröhliche Popmusik und gut gelaunte Touristen prosteten sich mit fruchtigen Cocktails zu.

Ein Mann interessierte sich jedoch überhaupt nicht für einen coolen Drink oder einen Platz auf einer der gemütlichen Liegen unter den bunten Sonnenschirmen. Dieser Mann gehörte zum Personal der *Fantasy* und
20 hatte gerade ein paar Stunden frei – und er war auf der Jagd.
Seine Waffe war jedoch keine Pistole oder ein Messer,
sondern eine kleine Kamera.

Einen literarischen Text lesen

Der Mann ließ den Blick über das volle Deck schweifen.
Auf seiner Stirn erschien eine senkrechte Falte. Wo war das Mädchen?

25 Er schnaufte verärgert. Dann begann er über das Deck zu schlendern,
die Lippen gespitzt, als würde er ein Lied pfeifen. Er spazierte
gemächlich zum Bug des 350 m langen Schiffes.

Plötzlich hielt er inne. Dort, ganz vorn an der Reling, standen ein Mann
und ein schlankes Mädchen mit einer kurzen, spitzen Nase sowie langen,

30 blonden Haaren. Beide drehten ihm den Rücken zu. War das die Kleine?
Der Mann mit der Kamera hielt sich backbord und näherte sich
bedächtig. Jetzt hatte auch er die Reling erreicht und schaute
nach rechts. In einem unbeobachteten Moment hob der Mann
den Apparat vors Gesicht, zielte mit dem Objektiv nach rechts und

35 fotografierte die Jugendliche mehrfach, ohne dass sie oder ihr Vater
etwas bemerkten. Dann trat er einen Schritt zurück und kontrollierte
die Aufnahmen unauffällig auf dem Display der Kamera. Alles klar.
Die Hände in den Hosentaschen schlenderte er zurück, erreichte
einen der Aufzüge und ließ sich auf Deck 5 bringen. Dort gab es

40 ein Café mit dem Namen *Network*, in dem sich die Passagiere
ins Internet einklinken konnten. Der Mann überspielte das beste Foto
auf den Rechner und verschickte es per E-Mail. Für einen Moment
verharrte der Mann regungslos vor dem Computer. Ihm war klar,
dass dieses Foto für das Mädchen und ihren Vater höchste Gefahr

45 bedeutete. Denn es stand am Anfang eines Verbrechens.

Der Mann zuckte mit den Schultern. Dafür war er nicht verantwortlich.
Schließlich hatte er nur den Job, seine Auftraggeber über jeden Schritt
der Kleinen an Bord zu informieren. Dafür wurde er gut bezahlt.
Was die Auftraggeber mit diesen Informationen machten – das war

50 nicht seine Sache.   *(gekürzt)*

© Westermann

Illustration: Karoline Kehr (Flora); Text: Fabian Lenk: Die Schatzjäger. Folge 3: Der gläserne Löwe. © 2011 Ravensburger Buchverlag, S. 47

L4 # Einen literarischen Text lesen

2 Markiere die Wörter im ersten Absatz des Textes auf Seite 47 und auf der Karte daneben. Zeichne dann den Weg ein, den das Schiff fahren wird.

das Adriatische Meer	Ionische Inseln	Kefalonia	Venedig

3 Unterstreiche die Wörter im Text auf Seite 47 und 48.
Trage dann die Wörter an der richtigen Stelle in der Schiffsabbildung ein.
Die Erklärungen im **Glossar zum Text** können dir helfen.

Deck 13	Bug	Reling	backbord

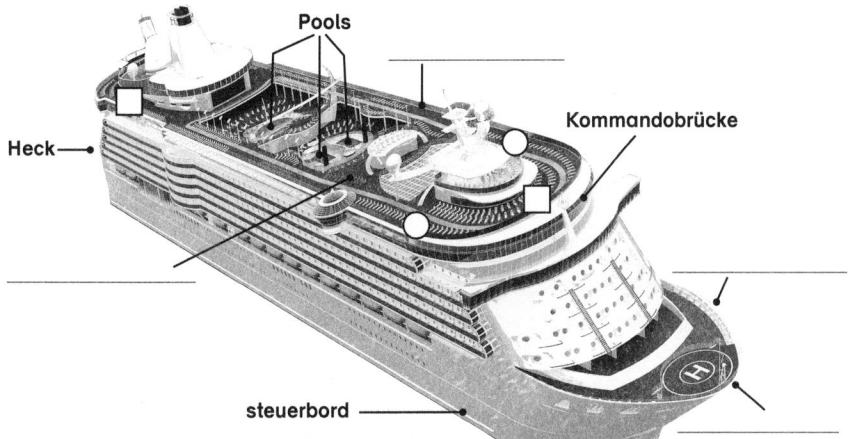

Pools
Kommandobrücke
Heck
steuerbord

Glossar zum Text

backbord – in Fahrtrichtung des Schiffes betrachtet die linke Seite des Schiffs

der Bug – in Fahrtrichtung das vordere Ende des Schiffes oder des Decks

das Deck – Stockwerk auf einem Schiff

die Reling – Geländer am Rand des Decks

4 Beantworte die Fragen:

a) Wo könnte der Mann, der beobachtet, stehen?
   Male oben in die Skizze des Schiffes den richtigen Kreis **rot** an.

b) Wo könnten der Vater und seine Tochter stehen?
   Male oben in die Skizze des Schiffes das richtige Quadrat **blau** an.

Illustration: Karoline Kehr (Flora);
Foto: stock.adobe.com, Dublin (Marta&Cia)

© Westermann

Einen literarischen Text lesen

L4

	sicher	teilweise	unsicher	nicht bearbeitet
Name: _____				
... kann vorgegebene Wörter in einem Textabschnitt finden und markieren (Aufgabe 2).	▢	▢	▢	▢
... kann Informationen aus einem Text in eine Karte übertragen (Aufgabe 2).	▢	▢	▢	▢
... kann vorgegebene Wörter im Text finden und unterstreichen (Aufgabe 3).	▢	▢	▢	▢
... kann ein Glossar als Verstehenshilfe nutzen (Aufgabe 3).	▢	▢	▢	▢
... kann eine Skizze mit Fachbegriffen beschriften (Aufgabe 3).	▢	▢	▢	▢
... kann eine Skizze zum vertiefenden Textverständnis nutzen und Informationen aus dem Text in einer Skizze richtig eintragen . (Aufgabe 4)	▢	▢	▢	▢

Kommentar/Hinweise:

Detaillierte Hinweise auf mögliche Fördermaßen finden sich in der Handreichung im Kapitel *Hilfen zur Diagnose*.

KV 142–147
Fö 137–140

L5 **Eine Fabel untersuchen**

1 Lies den Text.

Der Hund und das Stück Fleisch

Ein großer Hund hatte einem kleinen Hündchen
auf dem Markt ein großes Stück Fleisch abgejagt. Stolz lief er
mit seiner fetten Beute davon. Als er eine schmale Brücke überquerte,
fiel sein Blick unten ins Wasser. Voller Verwunderung entdeckte er
5   dort einen Hund, der auch ein Stück Fleisch im Maul trug.
„Sein Stück Fleisch ist ja noch größer und saftiger als meins!", dachte er.
Kurz entschlossen stürzte er sich kopfüber in den Bach und schnappte
nach der fetten Beute. Er biss um sich und schlug mit den Pfoten,
konnte aber den anderen Hund nicht mehr entdecken.
10 Da kam ihm sein eigenes Stück Fleisch wieder in den Sinn.
Wo war es geblieben? Er tauchte und suchte, doch es war vergeblich.
Das dicke Stück Fleisch blieb verschwunden.
So verlor am Ende auch das, was er schon fest im Maul gehabt hatte.

2 Warum ist **Der Hund und das Stück Fleisch** eine Fabel? Nenne einen Grund.

_____

_____

3 Welcher Lehrsatz passt zu dieser Fabel? Kreuze an.

☐ Nur das Beste ist gut genug.
☐ Es ist nicht gut, gierig zu sein.
☐ Jeder Kampf lohnt sich.

Eine Fabel untersuchen

	sicher	teilweise	unsicher	nicht bearbeitet
Name: _____				
... kann ein Merkmal einer Fabel benennen und am Text belegen (Aufgabe 2).	▪	▪	▪	▪
... kann einen Lehrsatz passend zu einer Fabel auswählen (Aufgabe 3).	▪	▪	▪	▪

Kommentar/Hinweise:

Detaillierte Hinweise auf mögliche Fördermaßen finden sich in der Handreichung im Kapitel *Hilfen zur Diagnose*.

KV 148–149
Fö 141–142

© Westermann

Illustration: Karoline Kehr

L6

Buchfiguren vergleichen

1 Lies den Text und die Tabelle.

Eigenschaften von MUGs und UEGs
von Cornelia Funke

Es gibt zwei Hauptarten von Gespenstern,
die Mittelmäßig Unheimlichen Gespenster (abgekürzt MUGs)
und die Unglaublich Ekelhaften Gespenster (abgekürzt UEGs).
MUGs treten recht häufig auf, während UEGs
5 ausgesprochen selten sind – und das ist auch gut so,
denn UEGs sind äußerst schwer zu vertreiben
und sehr gefährlich. Ein MUG kann
– nach fachmännischer Beratung –
auch ein Anfänger vertreiben.
10 Vor der Vertreibung eines UEGs durch Anfänger
muss jedoch DRINGEND!! gewarnt werden.
Es besteht ABSOLUTE LEBENSGEFAHR!
Nur hochqualifizierten Fachleuten
ist es unter Aufbietung eiserner Nerven
15 und all ihres Wissens möglich,
sich einem UEG zu nähern und es
– unter günstigen Umständen – zu verjagen.

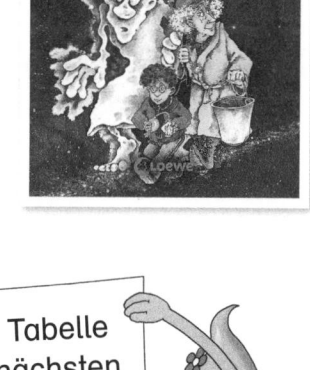

Eine Gegenüberstellung der Fähigkeiten,
Vorlieben und Schwächen
20 von MUGs und UEGs
mag das verdeutlichen und
den ehrenwerten Leser dieses Buches
zu äußerster Vorsicht bewegen:

> Lies die Tabelle
> auf den nächsten
> beiden Seiten.

Illustrationen: Karoline Kehr (Flora);
Cover/Text: Loewe Verlag GmbH, Bindlach
(Cornelia Funke: Gespensterjäger auf eisiger Spur.
© 1993 by Loewe Verlag, Bindlach)

© Westermann

Buchfiguren vergleichen

MUG	UEG
geht durch bis zu einem halben Meter dicke Wände	geht durch beliebig dicke Wände (nur nicht durch Spiegel)
verursacht bei Erscheinen Gänsehaut und Zähneklappern	siehe MUG; lässt außerdem bei Erscheinen Haare zu Berge stehen, verursacht Zittern am ganzen Körper und ständiges Über-die-Schulter-Gucken
verursacht mit Eisfingern leichtes Kälteschlottern	friert durch Eisatem Menschen ein
verrückt mit einem Blick Gegenstände bis 20 Kilo	verrückt mit einem Blick beliebig schwere Gegenstände und wirbelt sie durch die Luft
erzeugt Gänsehaut verursachende Geräusche	erzeugt Zähneklapper-Gliederschlotter-Herzschlagstopp-Geräusche
bläht sich bis zu 3 Meter Größe auf	bläht sich zu entsetzlicher Wolkenkratzergröße auf
sondert unangenehmen Modergeruch ab	verströmt entsetzlichen Gestank, der zu Ausschlag (blaue Punkte) führt
lässt gern Glühbirnen, Blumenvasen, Kaffeetassen zerplatzen	lässt Glühbirnen, aber auch andere, beliebig große Dinge zerplatzen. Deshalb äußerste Vorsicht! Niemals einem UEG in die gelben Augen sehen, es droht Zerplatzen!

© Westermann

Illustrationen: Karoline Kehr (Flora); Schilder/Text: Loewe Verlag GmbH, Bindlach (Cornelia Funke: Gespensterjäger auf eisiger Spur. © 1993 by Loewe Verlag, Bindlach)

Buchfiguren vergleichen

sondert schneckigen Klebeschleim ab	hinterlässt eine Glitzerspur, die besser klebt als der beste Spezialklebstoff
mag keine Wärme, flieht vor Wärmflaschen, heißem Tee und Heizungen	mag ebenfalls keine Wärme, flieht aber nicht, sondern wird wild vor Wut und tobt doppelt schlimm
hat panische Angst vor rohen Eiern	über rohe Eier kann ein UEG nur lachen
verspürt bei Tageslicht Übelkeit und einen starken Niesreiz	Tageslicht kann einem UEG nichts anhaben
verabscheut Parfumgeruch, reagiert mit Verfärbungen, Übelkeit und Zurückweichen	direktes Besprühen mit Veilchenparfum bewirkt meist Zurückweichen oder vorübergehendes Verschwinden
fürchtet und meidet Friedhöfe, wird bei Berührung mit Friedhofserde zu Staub	Gegen UEGs ist Friedhofserde vermutlich das wirksamste Vertreibemittel. Genaueres ist aber nicht bekannt. *(gekürzt)*

2 Wie und mit welchen Mitteln kann man ein **MUG** vertreiben?
Wie könnte man ein **UEG** vertreiben?
Markiere die passenden Stellen in der Tabelle.

3 Was macht ein **UEG** so gefährlich? Schreibe drei Dinge auf.

_____

_____

_____

Illustration: Karoline Kehr (Flora);
Text: Cornelia Funke: Gespensterjäger auf eisiger
Spur. © 1993 by Loewe Verlag, Bindlach
© Westermann

Buchfiguren vergleichen

Name:	sicher	teilweise	unsicher	nicht bearbeitet
... kann zu einer Fragestellung passende Textstellen in einer Tabelle finden und markieren (Aufgabe 2).				
... kann zu einer Fragestellung passende Informationen in einer Tabelle finden und aufschreiben (Aufgabe 3).				

Kommentar/Hinweise:

Detaillierte Hinweise auf mögliche Fördermaßen finden sich in der Handreichung im Kapitel *Hilfen zur Diagnose*.

KV 153–155
Fö 146–147

© Westermann

Illustration: Karoline Kehr